AF648647

DAS KLEINE HERBARIUM

Ein Buch zum Sammeln,
Erinnern und Bewahren

Das kleine Herbarium

Vorwort

Manchmal ist ein Spaziergang besonders schön (dabei macht es eigentlich nichts aus, ob man sich im tiefsten Wald befindet oder nur im Park um die Ecke) und man denkt sich: Wie kann ich diesen Moment am besten festhalten? Dann kann man ein Blatt aufheben und mit nach Hause nehmen. Oder man pflückt eine Blume. Und dann? Manchmal trocknet man die Blätter und Blumen oder presst sie in einem Buch und denkt nicht weiter daran. Mit ein bisschen Glück stößt man nach einer Weile noch einmal darauf, oft allerdings auch nicht.

Maartje van den Noort, Künstlerin und Illustratorin, und Saskia de Valk, Designerin und Besitzerin des Designateliers Vlinder & Vogel, haben sich gemeinsam dieses Buch ausgedacht. Die Faszination für kleine Dinge und die einfache Schönheit der Natur verbinden sie. Beide haben sie ihr Leben lang Notizbücher, Hefte und schöne Fundstücke aus der Natur gesammelt. Daraus entstand dann die Idee für dieses Buch: ein echtes Lieblingsstück für Naturliebhaber. Denn ist es nicht toll, wenn man all seine Erinnerungen beieinander aufbewahren kann? Und, wenn man das Haus verlässt, etwas in der Tasche hat, womit man besondere Momente festhalten kann? Man könnte zum Beispiel eine kleine Zeichnung von dem Ort machen, an dem man etwas gefunden hat. Oder schöne Sätze aufschreiben, die einen dazu inspirieren, den Moment zu genießen. Oder Wissenswertes über Flora und Fauna notieren, etwas, das einem von irgendwann einmal im Gedächtnis geblieben ist. Leere Seiten für gefundene Blumen muss es auch geben und ausreichend Platz, um seine Gedanken zu ordnen, wenn man eine Weile so vor sich hin sinniert hat.

Dieses Buch ist für all diese Dinge gedacht. Ein Taschenherbarium, benannt nach den Sammlungen getrockneter Pflanzen, die in früheren Zeiten üblich waren. Du kannst das Buch natürlich selbst behalten, aber Du kannst es auch sehr gut verschenken – leer oder gefüllt mit Deiner eigenen Sammlung. Es soll als Einladung dienen, als Trost, als Inspirationsquelle und als Nachschlagewerk für wunderschöne Dinge, für alle, die die kleinen Sachen glücklich machen.

Saskia de Valk und
Maartje van den Noort

ANLEITUNG

- Achte darauf, dass Du dieses Buch immer griffbereit hast. Besonders dann, wenn Du dich auf Forschungsausflüge begibst!

- Du kannst überall in das Buch Dinge hineinschreiben und -kleben.

- Wenn Du eine Pflanze pressen möchtest, lege sie vorsichtig zwischen zwei Blätter Löschpapier oder Küchenpapier und dann zwischen zwei Buchseiten. Das Gummiband sorgt dafür, dass das Buch immer dicht geschlossen ist, und wenn Du möchtest, kannst Du auch noch einen Stapel anderer Bücher oben drauflegen. So wird die Feuchtigkeit aus der Pflanze gepresst, wodurch sie gut haltbar wird.

- Gib beim Pflanzensammeln gut darauf acht, dass Du keine geschützten oder seltenen Arten pflückst. Am Ende dieses Buches befindet sich eine Liste geschützter Pflanzenarten.

- Möchtest Du herausfinden, welche Pflanze oder Blume Du gepflückt hast? Es gibt mehrere Pflanzenbestimmungsapps:
  LikeThat Garten-Indentifizieren
  Pl@ntNet Pflanzenbestimmung

- Bewundere Deine Fundstücke und halte sie in Ehren.

»DER FRÜHLING
IST EINE WAHRE
AUFERSTEHUNG,
EIN STÜCK
UNSTERBLICHKEIT.«
– Henry David Thoreau,
US-amerikanischer Schriftsteller
und Philosoph
(1817–1862)

AHORNFRUCHT

Du kennst die Frucht vom Bergahorn (Acer pseudoplatanus) wahrscheinlich als »Propeller«. Interessant zu wissen: Aus Ahornholz werden oft Möbel gebaut, weil es so widerstandsfähig ist. Und natürlich gewinnt man auch Ahornsirup aus einem nahen Verwandten dieses Baumes.

Fundort

....

....

Datum ....

Besonderheiten

....

....

Fundort

....

....

Datum

....

Besonderheiten

....

....

DICKBLATTGEWÄCHS: ECHEVERIA ELEGANS

Herkunft: Mexiko. Blüht rosa-gelb von Mai bis Juni und hat löffelförmige grüngraue Blätter. Bevorzugt sonnige Standorte.

SCHAUEN · DENKEN · SCHREIBEN

SCHAUEN · DENKEN · SCHREIBEN

SCHAUEN · DENKEN · SCHREIBEN

SCHAUEN · DENKEN · SCHREIBEN

»Sich wiederholende Muster können von unserem Gehirn leicht verarbeitet werden. Sie erfordern weniger Konzentration und man muss seine Augen nicht so anstrengen. In der Natur gibt es auch so eine sich wiederholende, fraktale Struktur. Ich fange langsam an zu glauben, dass das der Grund dafür ist, dass wir in der Natur so zur Ruhe kommen.«

– Agnes van den Berg,
Professorin für Naturerfahrung
und Umweltpsychologin

KÖNIGIN: IV.
Es neigt ein W[illegible]baum sich über
Bach / Und zeigt im klaren Strom
sein graues Laub, / Mit welchem
sie phantastis[illegible]ränze wand /
Von Hahnfuß, [illegible] M[illegible] Kuck[illegible]
blumen, / Di[illegible] Sc[illegible]derben
wohl bene[illegible] / Doch unsre Mädch[illegible]
Toten-Mann[illegible]ger. / Dort, als sie
aufklomm, um ihr Laubgewinde / An
den gesenkten Ästen aufzuhängen, /
Zerbrach ein falsch[illegible] Zweig, und nied[illegible]
fielen / Die rankend[illegible]phä[illegible]und
sie [illegible] / Ins weinende [illegible]
Ihre [illegible]der / Verbreiteten sich weit [illegible]
trug[illegible] / Sirenen gleich ein
We[illegible] noch empor, / Indes sie Stellen
alter Weisen sang, / Als ob sie nicht d[illegible]
eigne Not [illegible] / Wie ein Geschöpf
geboren [illegible]t / Für dieses Elem[illegible]
Doch l[illegible] währt' es nicht, /
Bis ihre Kleider, die sich schwer getrunken
Das arme Kind von ihren Melodien /
Hinunterzogen in d[illegible]schlammigen
Tod.

SCHAUEN · ENTDECKEN · AUFBEWAHREN

Dies sind Blätter von Bäumen, die in unserem Land weitverbreitet sind.

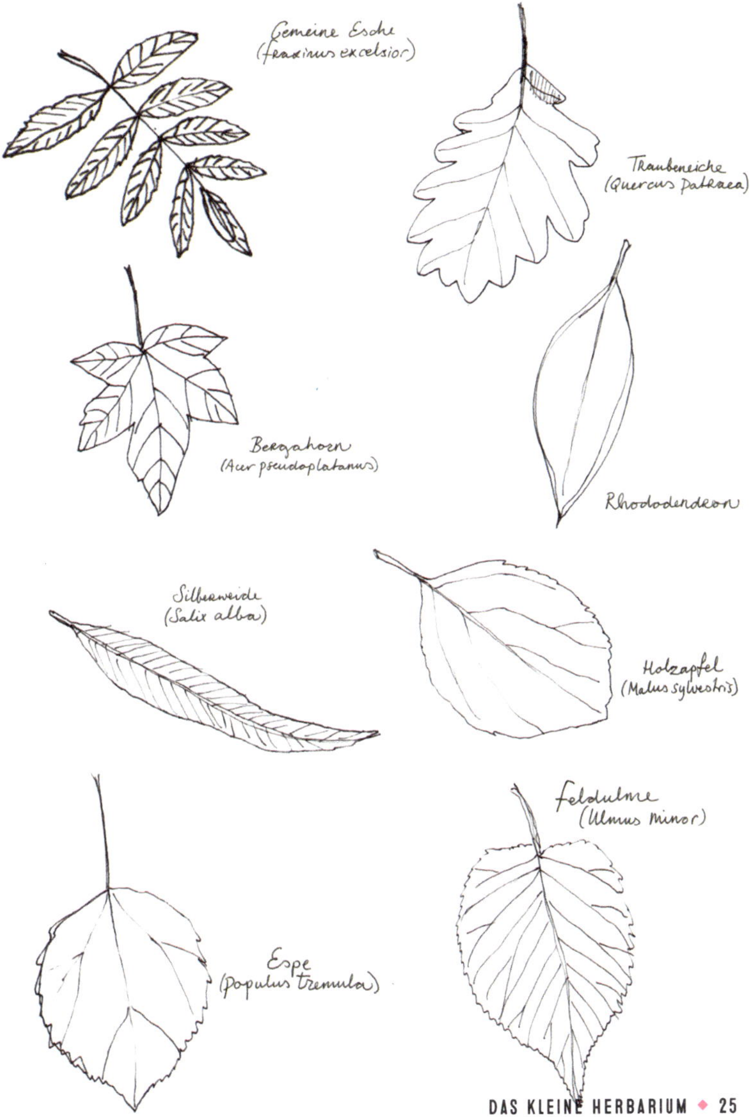
Gemeine Esche
(fraxinus excelsior)
Traubeneiche
(Quercus patraea)
Bergahorn
(Acer pseudoplatanus)
Rhododendron
Silberweide
(Salix alba)
Holzapfel
(Malus sylvestris)
Espe
(Populus tremula)
Feldulme
(Ulmus minor)

SCHAUEN · DENKEN · SCHREIBEN

SCHAUEN · DENKEN · SCHREIBEN

SCHAUEN · DENKEN · SCHREIBEN

Fundort

Datum

Besonderheiten

Fundort

....

....

Datum

....

Besonderheiten

....

....

»BLUMEN SIND DAS LÄCHELN DER ERDE.«

– Ralph Waldo Emerson, US-amerikanischer Essayist (1803–1882)

Fundort

....

....

Datum

....

Besonderheiten

....

....

SELBSTKLETTERNDE JUNGFERNREBE

Auch als Wilder Wein bekannt. Herkunft: Nordamerika. Interessant zu wissen: Die Blätter dieser Kletterpflanze färben sich im Herbst rot. Dieses Blatt hat Maartje im Urlaub in den Pyrenäen gefunden. Die Jungfernrebe kommt auch in Deutschland häufig vor.

SCHAUEN · DENKEN · SCHREIBEN

SCHAUEN · DENKEN · SCHREIBEN

SCHAUEN · DENKEN · SCHREIBEN

SCHAUEN · DENKEN · SCHREIBEN

JUNGFER IM GRÜNEN (NIGELLA)

Herkunft: Ägypten.
Aus der Familie der Hahnenfußgewächse (Ranunculaceae). Diese Blume findet man in der freien Natur nicht häufig. Aber wenn man sie denn findet, eignet sie sich sehr gut zum Trocknen. Die Jungfer im Grünen hat wunderschöne Samenkapseln. Die Samen finden in der Küche Verwendung; auch Öl wird daraus gemacht.

Fundort

Datum

Besonderheiten

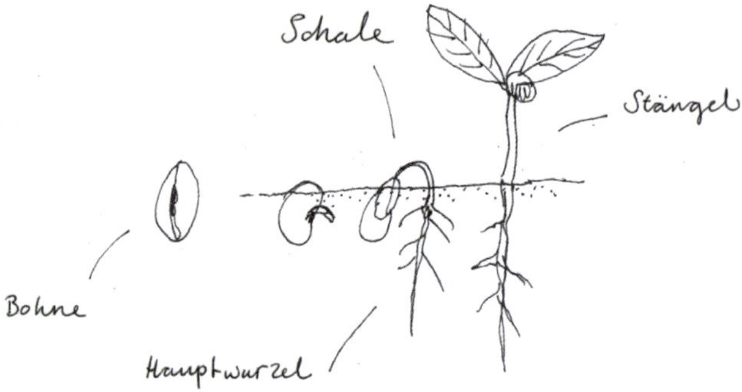

Keimen

Wie funktioniert das? Beim Keimen oder Sprießen «erwacht» ein Samen. Das passiert in dem Moment, in dem er mit Wasser in Kontakt kommt. Der Samen quillt auf und eine kleine Wurzel stößt durch die Keimöffnung nach draußen und wächst in die Erde. Diese sogenannte Keimwurzel wächst meistens (je nach Pflanzenart) zur Hauptwurzel heran, aus der dann wiederum Seitenwurzeln abzweigen. Der Stängel wächst unter den Keimblättern hervor nach oben. Weil der Stängel so schnell wächst, bildet sich zunächst eine kleine Schale, die aus der Erde herauswächst. An der Innenseite dieser Schale befinden sich Zellen, die sich dem Licht entgegenstrecken, und so wächst das Pflänzchen nach oben und die ersten beiden Blätter werden sichtbar.
Man kann das selber gut beobachten, wenn man eine Trockenbohne, eine Trockenerbse oder etwas Sesam auf eine feuchte Watteschicht legt, das Ganze ins Licht stellt und dann etwas abwartet.

Fundort

....

....

Datum

....

Besonderheiten

....

....

Gänseblümchen
Hortensie
Margerite
Zottige Wicke

Fundort

Datum

Besonderheiten

GINKGO (GINKGO BILOBA)

Herkunft: China; wird in Europa kultiviert. Der Ginkgobaum blüht im Juni und Juli. Interessant zu wissen: Er steht für Stetigkeit, Hoffnung, Liebe, Zauberkraft, Zeitlosigkeit und ein langes Leben. Viele Künstler fühlten sich vom Ginkgo inspiriert, er war zum Beispiel Goethes Lieblingsbaum. Seine Blätter werden unter anderem verwendet, um den Kreislauf anzukurbeln, und sollen gegen Atemnot, Hörverlust, Gedächtnisverlust, Hautkrankheiten und Angstgefühle helfen.

SCHAUEN · DENKEN · SCHREIBEN

SCHAUEN · DENKEN · SCHREIBEN

Fundort

Datum

Besonderheiten

»NUN LASS DEN SOMMER GEHEN, LASS STURM UND WINDE WEHEN. BLEIBT DIESE ROSE MEIN, WIE KÖNNT ICH TRAURIG SEIN?«

– Joseph Freiherr von Eichendorff, deutscher Lyriker und Schriftsteller (1788–1857)

ZOTTIGE WICKE (VICIA VILLOSA)

Herkunft: Europa. Gehört zur Familie der Schmetterlingsblütler und blüht von August bis Mai. In der Stadt ist dieses Schmuckstück schwer zu finden, auf Feldern und entlang Bahngleisen hat man oft mehr Glück. Wichtig: Die Zottige Wicke ist selten und geschützt. Bitte daher die Blume nur zeichnen und nicht abreißen!

Fundort

....

....

Datum
....

Besonderheiten
....

....

Fundort

....

....

Datum

....

Besonderheiten

....

....

Verbena
Kosmee
Dill
Wilde
Möhre
Bischofs-
kraut
Sommer-
aster
Klatschmohn

Feldblumenstrauß

Dies ist ein herbstlicher Feldblumenstrauß mit Sommerblühern aus kühlem Boden, gepflückt Ende September. Alle Blumen sind ökologisch angebaut, also ohne Pestizide. Möchtest Du auch solch einen schönen Feldblumenstrauß in Deiner Wohnung haben, halte Ausschau nach ökologischen Gärtnereien oder, auf dem Land, nach Hinweisschildern, die angeben, dass Blumen frisch vom Feld zum Selbstpflücken erhältlich sind.

SCHAUEN · DENKEN · SCHREIBEN

SCHAUEN · DENKEN · SCHREIBEN

SCHAUEN · DENKEN · SCHREIBEN

FLACHS (LINUM USITATISSIMUM)

Herkunft: Nicht eindeutig geklärt. Blüht blau im Juni. Flachs ist eine vielseitige Pflanze. Bis ins 19. Jahrhundert waren Flachsfasern der wichtigste Grundstoff zur Textilproduktion - später wurde Leinen von Baumwolle abgelöst. Auch Leinsamen kommt vom Flachs. Daraus wird noch immer Öl gewonnen, das unter anderem in Brot, Seife, Kunstharz und Farbe verarbeitet wird.

Wünsch dir was ...

SCHAUEN · DENKEN · SCHREIBEN

WANDHERBARIUM

Von links nach rechts:

- Gemeiner Frauenmantel – Alchemilla vulgaris
- Kosmee – Cosmos sulphureus
- Leuchtender Sonnenhut – Rudbeckia fulgida »Goldsturm« (knospend).

Fundort

....

....

Datum

....

Besonderheiten

....

....

ZEICHENSTUNDE

Schritt 1 – Wähle ein Motiv: eine Blume, ein Blatt oder einen Zweig.

Schritt 2 – Setze Dich an einen Tisch und sorge dafür, dass Du ausreichend Licht hast. Nimm Dir ein Stück Papier (oder suche Dir eine Seite aus diesem Buch aus) und einen Bleistift, Kugelschreiber, Füller oder dünnen Pinsel – wichtig ist nur, dass Du Material auswählst, mit dem Du gerne arbeitest.

Schritt 3 – Sieh gut hin: Studiere Dein Motiv mindestens eine Minute lang. Gibt es Farb- und Helligkeitsabstufungen? Welche Stellen sind dunkler und wohin fällt das Licht? Gibt es noch andere Details wie Blattadern, Härchen oder Fasern? Hat die Blüte einen Stempel oder ein Staubgefäß und kannst Du den Blütenstaub erkennen? Drehe das Objekt ein paar Mal zwischen Deinen Fingern hin und her und lege es dann hin.

Schritt 4 – Setze die Spitze Deines Zeichengeräts auf das Papier und ziehe eine Linie. Dafür wähle einen Ausgangspunkt – beispielsweise den Stiel. Ab hier folge dem Stiel und wenn ein Blatt kommt oder eine Abzweigung, folge dem mit dem Stift und ändere den Verlauf der Linie. Du wirst bemerken, dass Dein Blick die ganze Zeit zwischen Objekt und Zeichnung hin- und herwechselt. Das ist gut so: Zeichnen besteht zu 80 Prozent aus Schauen und nur zu 20 Prozent daraus, tatsächlich Tinte aufs Papier zu bringen.

Schritt 5 – Lege Deinen Stift kurz nieder und sieh Dir an, was so weit daraus geworden ist. Gibt es etwas, das Du gerne verändern würdest, oder hast Du einen »Fehler« gemacht? Warte kurz ab, bevor Du Änderungen vornimmst. Manchmal verleihen gerade kleine Unregelmäßigkeiten einer Zeichnung ihren besonderen Charakter.

»WAS IST DAS SCHWERSTE VON ALLEM? WAS DIR DAS LEICHTESTE DÜNKET: MIT DEN AUGEN ZU SEHEN, WAS VOR DEN AUGEN DIR LIEGT.«
– Johann Wolfgang von Goethe, deutscher Schriftsteller (1749–1832)

GROSSE STERNDOLDE
(ASTRANTIA MAJOR ›RUBRA‹)

Herkunft: Von Osteuropa bis Asien. Gehört zur Familie der Doldenblütler.
Kommt in den Alpen häufig vor; weiter nördlich wächst sie in Gärten und an Teichufern in feuchtem Grund. Man kann sie gut selbst säen. Die Große Sterndolde wird auch Sternblume oder Kaiserwurz genannt.

Fundort

....

....

Datum

....

Besonderheiten

....

....

Sie war ein Blümlein

Sie war ein Blümlein hübsch und fein,
Hell aufgeblüht im Sonnenschein.
Er war ein junger Schmetterling,
Der selig an der Blume hing.

Oft kam ein Bienlein mit Gebrumm
Und nascht und säuselt da herum.
Oft kroch ein Käfer kribbelkrab
Am hübschen Blümlein auf und ab.

Ach Gott, wie das dem Schmetterling
So schmerzlich durch die Seele ging.

Doch was am meisten ihn entsetzt,
Das Allerschlimmste kam zuletzt.
Ein alter Esel fraß die ganze
Von ihm so heiß geliebte Pflanze.

Wilhelm Busch

SCHAUEN · DENKEN · SCHREIBEN

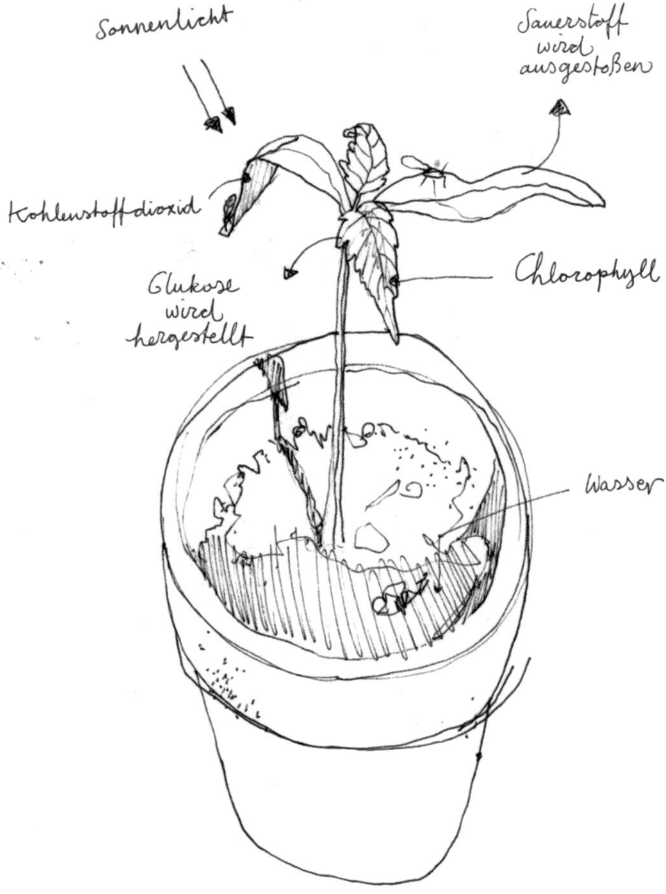
Sonnenlicht
Sauerstoff wird ausgestoßen
Kohlenstoffdioxid
Chlorophyll
Glukose wird hergestellt
Wasser

Photosynthese

Bei der Photosynthese erzeugen Pflanzen Energie. Dies geschieht hauptsächlich in den Blättern. Bei dem Prozess werden Kohlenstoffdioxid und Wasser mithilfe von Sonnenlicht in Sauerstoff (und Glukose) umgewandelt. Sauerstoff ist lebensnotwendig; die Glukose versorgt die Pflanze mit der Energie, die sie braucht, um zu wachsen. Außerdem ist die Photosynthese wichtig, weil durch sie Pflanzen Kohlenstoffdioxid und Treibhausgas aufnehmen. Das sorgt für saubere Luft.

FELDBLUMEN TOP TEN

Hier siehst Du zehn häufig vorkommende Feldblumen. Achtung, die Schachblume ist geschützt, die darfst Du also nicht pflücken! Die anderen Blumen sind in beinahe jedem Park zu finden.

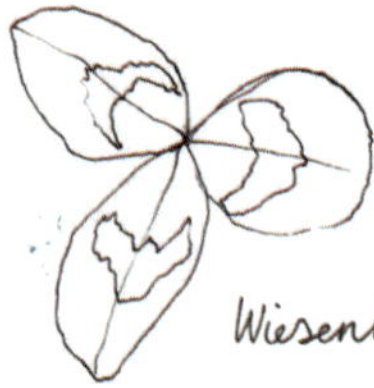

Wiesenklee

Butterblume

Gartenveilchen

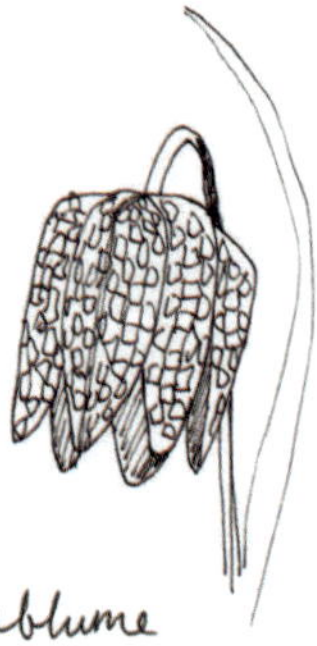

Gänseblümchen

Schachblume

Vergissmeinnicht

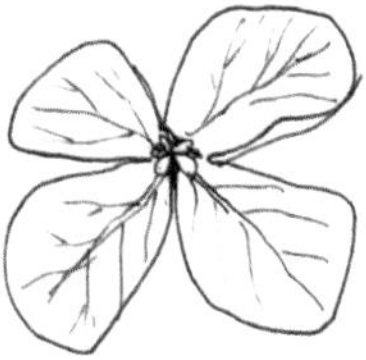

Silbertaler

Krokus

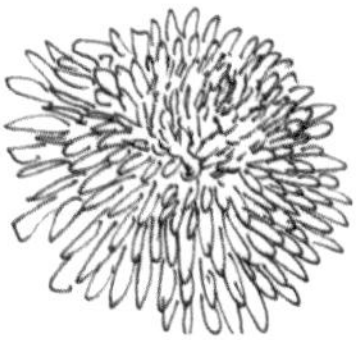

Löwenzahn

Kornblume

Ein Garten ist ein Freund, den man jederzeit besuchen kann.

– *Sprichwort*

SCHAUEN · DENKEN · SCHREIBEN

SCHAUEN · DENKEN · SCHREIBEN

SCHAUEN · DENKEN · SCHREIBEN

KOSMEE (COSMOS BIPINNATUS)

Herkunft: Mexiko. Blüht von Mai bis September – bei mildem Herbstwetter selbst bis spät in den September hinein. Die romantische Bauerngartenblume wird auch Schmuckkörbchen genannt und hat weiße, rosa oder dunkelrot-bräunliche Blüten.

Auch gut zu wissen: Cosmos astrosanguineus – oder Schokoladenkosmee – verströmt an warmen Sommerabenden einen herrlichen Schokoladenduft.

Fundort

Datum

Besonderheiten

HIER EINE AUSWAHL GESCHÜTZTER PFLANZEN (DIE ALSO NICHT PFLÜCKEN):

- Adonisröschen
- Alpenrose, Wildform
- Alpenveilchen, Wildformen
- Blauer Eisenhut
- Buchsbaum, Wildform
- Christrose, Wildform
- Eibe, Wildform
- Hasenglöckchen, Wildform
- Heidenelke
- Kuhschelle, Küchenschelle, Wildform
- Narzisse, Osterglocke, Wildformen
- Rosmarinheide
- Schachbrettblume
- Schneeglöckchen, Wildform
- Gelbe Schwertlilie, Sumpf-Schwertlilie, Wildform
- Weiße Seerose
- Sumpfdotterblume
- Torfmoos
- Traubenhyazinthe, Wildformen
- Tulpe, alle wildlebenden Bestände
- Hügel-Veilchen und viele andere Wildveilchen

Fundort

....

....

Datum

....

Besonderheiten

....

....

Mit Dank an:

- *Caroline Buijs:* Danke für Deine Hilfe beim Vorwort
- *Corine Elemans:* Danke für Dein hilfreiches, klares Feedback
- *Herbst & Winter:* Tante Margriet, Maartjes verstorbene Großtante, hat die wunderschönen Schwarzweißfotos gemacht
- *Seiten 30 & 78, Jitske Hagens:* Danke für die reizvollen Fotos
- *Seite 110, Mirella Sahetapy:* Danke für das schöne Bild

Impressum

Das kleine Herbarium
Ein Buch zum Sammeln, Bewahren und Erinnern

ISBN 978-3-959100-40-3

Eden Books
Ein Verlag der Edel Germany GmbH
Copyright der deutschen Ausgabe
© 2016 Edel Germany GmbH,
Neumühlen 17, 22763 Hamburg
www.edenbooks.de
www.facebook.com/EdenBooksBerlin
www.edel.com
4. Auflage 2021, printed in Turkey.

Titel der Originalausgabe: Pocket Herbarium
Copyright der Originalausgabe: Uitgeverij Snor, 2015
Konzept: Saskia de Valk und Maartje van den Noort,
www.maartjevandennoort.nl, www.vlinderenvogel.nl
Text: Saskia de Valk und Maartje van den Noort
Illustrationen: Maartje van den Noort
Fotografie: Saskia de Valk
Design: Alexandra de Vries, Studio100%
Deutsche Übersetzung: Sarah Gehrke
Projektkoordination der deutschen Ausgabe:
Judith Haentjes

Alle Rechte vorbehalten. All rights reserved.
Das Werk darf – auch teilweise – nur mit Genehmigung des Verlages wiedergegeben werden.